Alexis Gueu

L'Impensable Retour

Alexis Gueu

L'Impensable Retour

Éditions Muse

Imprint

Cover image: www.ingimage.com

Publisher:
Éditions Muse
is a trademark of
International Book Market Service Ltd., member of OmniScriptum Publishing Group
17 Meldrum Street, Beau Bassin 71504, Mauritius
Printed at: see last page
ISBN: 978-620-2-29757-8

DEDICACE SPECIALE

A Ma tendre épouse, GUEU Ange-Marie, mère de nos trois (03) enfants (Gaius, Israël & Nathanaël). Ta patience sans fin, ta compréhension et ton encouragement sont pour moi le soutien indispensable que tu as toujours su m'apporter. Je te dois ce que je suis aujourd'hui et ce que je serai demain et je ferai toujours de mon mieux pour rester ta fierté et ne jamais te décevoir. Que Dieu le tout puissant te préserve, t'accorde santé, bonheur, quiétude de l'esprit et te protège de tout mal.

REMERCIEMENTS

Je tiens à dire merci au Dieu tout puissant pour sa grâce dans ma vie.
Un grand merci à mes Aînés (Jérémie Dien, Julien Gueu, Jefté GUEU,)
Sans oublier mes Conseillers (Gustave GONTO Guillaume GUEI, Françis SIFLOU, BEMA Idrissa, N'DRI Koffi Bernard, N'GUESSAN Kouamé Albert)
Je ne saurai dire aussi merci à toute l'équipe de SCI Education, USA, bureau d'Abidjan pour l'Afrique, à sa tête Dr. OUATTARA Dramane, celui qui m'a véritablement inculqué le sens du travail.

I

L'ORAGE

Ce fut d'abord un coup d'éclair qui se mêla au grondement du tonnerre. Ensuite, le ciel s'assombrit, le vent se mit à souffler, soulevant la poussière, arrachant violemment quelques pailles aux cases du campement de quatre cents âmes. Puis une goutte, deux et plusieurs gouttes de pluie commencèrent par tomber avant de s'intensifier. Quel orage ! L'eau de ruissellement, coulant à une vitesse incroyable, érodait les pistes qui reliaient les cases. Et les habitants, pour qui, il était impossible de fermer les yeux ; eux qui s'étaient abrités depuis le début et qui, après plusieurs heures, voyaient maintenant l'eau de pluie entrer dans leur maison. Tous craignaient ce qui pouvait arriver sous cette pluie dont la violence et la durée battaient les records de toutes les pluies qui s'étaient, jusque-là, abattues sur eux.

Cette soudaine et aride pluie qui les avait empêchés de réaliser les projets du soir de l'après-repas, tomba toute la nuit pour ne cesser qu'au lever du jour comme si elle craignait de rencontrer l'astre du jour. Ce matin-là, les habitants qui sortirent plus tôt que de coutume de leur maison constatèrent amèrement les dégâts : toitures envolées, murs fissurés, maisons écroulées… les cris matinaux des oiseaux au fond du bois remplacèrent les cris de détresse et de tristesse de la population qui se firent entendre de tous les coins du campement qui était devenu méconnaissable. On entendait des cris d'enfants tourmentés par ci, des chevrotements de chevreaux ou le bêlement d'agneaux ou le cri de poussins à la recherche de leur mère. Des personnes étaient sous les décombres et parmi elles, certaines iront immanquablement dans des tombes.

Dans la désolation, le deuil et les pleurs, ils qualifièrent cette pluie de maudite et, tristement, dénombrèrent les victimes.

On attendit, soudain, le son du tambour parleur annonçant cette tragédie quand les anciens, considérés au campement comme les sages, ont ordonné aux jeunes gens valides de déblayer un espace à la sortie du campement afin d'y construire une trentaine de tentes en feuilles de palmier pour accueillir tous les blessés, et ensuite, une grande fosse pour enterrer ensemble les décédés.

Pendant que tous étaient à la tâche, deux passants venus de très loin firent leur comparution sur les lieux. Ces derniers furent effrayés, constatant cette tragédie. L'un d'eux demanda ce qu'il s'était passé dans ce campement. Mais, à peine la question fut-elle posée, qu'on céda le passage au chef Koua, chef suprême des habitants du campement qui leur répondit :

— Comme vous le constatez, c'est une pluie qui a détruit nos vies…

— C'est effroyable et incroyable ce que nous voyons, dit le second passant quand celui qui avait posé la question resta bouche bée, étonné. Une pluie de quel moment ? Pourtant nous avons marché toute la nuit, nous n'avons eu aucune trace de pluie. C'est seulement à quelques mètres avant d'atteindre votre campement que nous avons découvert les flaques d'eau et les pistes mouillées.

— Cette pluie qui nous a décimés semble une malédiction lancée par les dieux… Cependant, finissons d'inhumer nos morts et pansons les blessés… Nous verrons bien, termina le chef, d'une voix alarmée.

Les deux passants n'ont pu continuer leur randonnée. Ils restèrent pour compatir à leur douleur et les aider à bâtir certaines demeures. Leur présence fortifia le chef et son peuple qui, dans leur solitude, ne s'attendaient pas à une quelconque assistance extérieure vu l'isolement profond et renfermé du campement.

Les morts furent enterrés. Les blessés étaient encadrés et pris en charge traditionnellement par les guérisseurs parmi lesquels se trouvait Gemin, l'un des passants. Une libation a été faite sur les lieux pour éradiquer le malheur loin de cette terre.

Au soir, après l'inhumation et les libations, les deux passants ont demandé au chef Koua à partir. Mais le chef leur posa une question :

— Où allez-vous, mes chers bienfaiteurs ?

Les passants se regardèrent un instant ; un échange par simple regard. Et l'un hocha la tête du bas vers le haut avant de répondre :

— Nous sommes à la recherche d'une terre fertile et généreuse pour y habiter définitivement avec notre communauté.

— Bien, dit le chef qui, ensuite, fit une pause pour réfléchir avant de poursuivre. Il me semble que vous êtes des gens de valeurs et pleins d'altruisme. Pour ce faire, mon peuple et moi n'hésiterons pas à vous accepter, vous et votre communauté…

— Merci, grand merci pour votre sens d'hospitalité, dit celui des deux passants qui avait pris la parole. Mais si nous faisons venir notre peuple, où habiterions-nous ici, chef ?

— Ici, partout… Où vous souhaiterez… il y a de l'espace. Ensemble nous allons étendre ce campement et former un grand et puissant peuple. Dès que vous serez installés, nous allons autoriser rapidement des mariages intercommunautaires.

Séduits par les réponses et l'offre du chef Koua, les étrangers, convaincus, le remercièrent encore et se retirèrent du campement, satisfaits.

II

APRÈS… LE BON TEMPS

La vie avait repris son évolution normale. Les blessés de la maudite pluie ont commencé à répondre à leurs occupations. Les maisons ruinées ont été refaites. La période de veuvage s'était écoulée. Et, le sourire regagnait les visages des familles.

Le chef Koua exhortait chaque ménage à oublier ce drame pour se focaliser sur l'avenir du campement et de ses filles et fils. Ainsi, chaque matin et soir, il passait de concession en concession pour apporter consolation et espoir. C'était son rôle de leader.

Koua était quelqu'un de bien. Il aimait son peuple. Il était toujours à l'écoute de tous. Il savait apaiser les cœurs meurtris et imbibés de désespoirs et de soucis. Il appelait chaque jour tous ses concitoyens à la préservation de l'unité et de la cohésion au sein du campement. On le surnommait "Sedheur". Il adorait les enfants et aimait leur compagnie. Pour lui, les enfants sont des valeurs sures d'une communauté et, comme le disait-il assez souvent, leur prodiguer de sages conseils à bas âges, c'est construire une communauté de valeur.

Aussi, chef Koua, comme il avait invité les étrangers à venir se joindre à eux pour former une communauté forte et dynamique, faisait le tour, sensibilisant le monde à garder un esprit d'hospitalité et de partage. Tous se préparèrent, en conséquence, à accueillir du monde les jours suivants. Les alentours du campement furent nettoyés. Des cases furent construites. Certaines pour servir d'entrepôt aux produits vivriers collectés et réservés aux étrangers. Les autres contenaient deux lits faits en terre, des nattes tissées à la main et des chaises en bois...

Un soir, avec les deux passants à leur tête, dans le campement, entra une colonne composée d'enfants, de femmes et d'hommes d'un total d'environ cent personnes. Ils transportaient avec eux, bétails, volailles et bagages. Accueillis dans une bonne ambiance, ils furent très bien installés. Les femmes du campement leur apportèrent de la nourriture, à boire aussi. Et le chef, après ce repas, leur a souhaité, aux nouveaux arrivés, la bienvenue tout en leur réitérant les bienfaits du vivre ensemble.

Comme la tradition orale exige dans toutes les communautés, le porte-parole, Noumé a traduit l'assentiment de son peuple à l'égard de cette initiative gagnante et encourageante.

Les jours s'écoulèrent et le campement, au fur et à mesure, enregistrait des vagues d'arrivées. Les habitations construites n'étaient plus assez pour accueillir tout ce monde qui arrivait. Les réserves des récoltes ne suffisaient plus assez. Certains autochtones se sont retrouvés couchés à la belle étoile après leur avoir cédé leurs dortoirs. Les cinq premiers mois furent quasiment difficiles. Dans cette traversée, les autochtones comme les allogènes regrettèrent déjà cette initiative.

Cependant, les moments difficiles passés, l'on est parvenu à organiser les choses : chaque ménage retrouvait peu à peu le sourire. Les allogènes ont bien pris connaissance de toutes les nouvelles dispositions. Ils pouvaient parcourir toutes les forêts et tous les cours d'eau pour se trouver de quoi se nourrir et subvenir aux besoins vitaux de leurs familles respectives.

Au sujet de la chefferie, seul le chef Koua a été établi et reconduit dans son règne sur toute l'étendue du campement. Alors tous les pouvoirs lui ont été conférés à l'unanimité. C'est à lui que revenait l'ultime décision dans toutes les décisions. Il travaillait à titre consultatif avec tous les chefs des différents clans. On le surnommait le « Sedheur des Sedheurs ».

Un mois après son intronisation, il procéda au partage des terres entre les différentes familles. C'était donc à chaque famille, désormais, de travailler valablement et rigoureusement enfin de subvenir à leurs besoins. Ensuite, il passa à la création d'un grand marché et c'est un samedi qui fut choisi comme son jour d'ouverture, un jour où chaque famille apportera aliments ou vêtements ou encore autres produits pour les commercialiser ou les troquer.

Il a réussi à construire et développer le campement sur le respect des valeurs humaines. Tous les habitants étaient de vaillants travailleurs. Les femmes en particulier, étaient très serviables, vertueuses et soumises à leurs maris. Chaque année, l'on notait une bonne productivité des produits agricoles. Quand un enfant naissait, on lui injectait, dès son bas âge, les notions de respect des valeurs humaines et celles de travail. Chaque semaine de chaque mois, le campement célébrait les mariages entre les filles et les fils sans hypocrisie et dans une joie qui rayonnait dans le cœur de tout le monde.

Au bout de dix années, le campement était surpeuplé. Il longeait le mystique et poissonneux fleuve dont la longueur, la largeur et la profondeur effrayaient les campagnards qui ne voulaient prendre aucun risque à pêcher, surtout qu'ils savaient qu'au fond, se baignait toute sorte de hideuses créatures aquatiques. Mais de l'autre côté de ce fleuve, l'on apercevait difficilement, à cause de la distance et du brouillard, un champ de rônier qui le longeait.

Un matin, très tôt, un jeune homme aperçut dans les brouillards, au beau milieu de ce fleuve, un homme dans une pirogue. Il alerta son entourage et tous arrivèrent.

— Mais d'où sort-il, cet homme ? s'interrogèrent-ils.

L'individu, doucement, avança avec sa pirogue vers la rive. Ils reculèrent aussi, s'arrêtant un peu plus loin pour l'identifier parfaitement.

— N'ayez pas peur de moi... je vis de l'autre côté du fleuve, dit-il.

— Que cherchez-vous jusqu'ici, laissa entendre une voix.

— S'il vous plait, laissez-moi descendre de ma pirogue et je vous parlerai de ma venue.

Il descendit de la pirogue. On le conduisit directement chez le chef. Tout le monde s'interrogeait toujours : comment avait-il pu traverser ce dangereux fleuve pour arriver jusqu'à eux ? Et pourquoi ?

Ce dernier était si étrange à leurs yeux. Un homme très laid avec une tête en forme d'une graine d'arachide mal germée. Très chétif, son corps était couvert de gale, sa dentition mal ajustée et cette odeur qu'il dégageait, était si nauséabonde et suffocante que certains se pinçaient les narines pendant que d'autres la bouchaient carrément à l'aide de leur main ou d'un mouchoir.

— D'où viens-tu, mon cher ami ? lui demanda gentiment le chef.

— Je sors de l'autre côté du fleuve.

— Que cherches-tu jusqu'à nous ? ajouta le chef, d'un air inquiet.

— Je cherchais de la nourriture pour mon peuple qui meurt de faim. Là-bas, nous sommes plus nombreux que vous, mais nous sommes pauvres et très pauvres en ressources de tout genre, dit l'étranger d'une voix de souffrance, tout en essayant de réprimer quelques larmes qui avaient pris ses joues d'assaut.

— Alors qu'attends-tu de nous ?

— Je souhaiterais que vous nous approvisionniez en nourriture mensuellement, car mon peuple meurt de faim.

— C'est compris. Mais tu vas t'en aller et revenir à nous après deux lunes, le temps d'en discuter avec mon peuple.

III

LA SILHOUETTE DU MAL

Après plusieurs concertations avec ses habitants, tout le monde s'est mis en accord pour apporter un soutien alimentaire à ce peuple de l'autre côté du fleuve. Alors, à partir de cet instant, chaque famille devait mettre de côté un peu de nourriture à offrir au messager des habitants de l'autre côté du fleuve quand celui-ci reviendra.

Lorsqu'arriva la date fixée pour le rendez-vous, le messager se planta dans la cour du chef en compagnie de deux autres personnes de même apparence. Ainsi, chaque famille apporta ce qu'elle a pu réserver pour la circonstance. D'autres apportèrent quelques têtes de leurs bétails pour les leur offrir.

Après la collecte de ces produits, les jeunes gens les aidèrent à convoyer tous ces dons jusqu'au bord du fleuve d'où leur traversée en a mis deux semaines.

Pour valoriser sa générosité et celle de sa cité, le chef mit un comité en place, chargé de collecter et convoyer mensuellement les produits vers l'autre côté du fleuve. Cette action de bienfaisance dura plus de deux années, sans interruption. Cependant, durant tout ce temps, aucun d'entre eux n'avait eu l'audace d'aller visiter ce peuple. De même, personne parmi eux n'avait été sollicité par ce peuple pour les suivre. Ces derniers ne faisaient que leurs aller-retours, parfois cinq fois en journée comme en heures tardives sur ce fleuve mystérieux.

Dans cette relation, le chef était leur fidèle ami. Lorsqu'ils arrivaient, c'est chez lui qu'ils se dirigeaient avant de s'adresser aux autres. Des fois, le chef leur proposait d'y rester, avec eux, avec même la possibilité de se marier avec les filles du campement. Mais ils refusèrent tous.

La vie devenait de plus en plus belle au campement. Mais un jour, tard dans la nuit, au moment où tout le campement s'était profondément endormi, deux silhouettes se faufilèrent, à pas de loup, entre les cases pour atteindre celle de la grande femme du chef, la première dame du campement. L'une entra quand l'autre, restée dehors, surveillait leurs arrières. La première dame, profondément endormie, ne pouvait voir cette silhouette penchée sur sa tête pendant quelque seconde pour lui faire inhaler une poudre avant de ressortir, sans laisser de traces, et prendre avec son complice, la fuite, disparaissant dans l'ombre de la nuit.

Au jour levé, la première dame criait, hurlant de douleur. De sa tête au cou, tout était enflé. Ses yeux rouges sortaient de leur orbite… « Elle a été empoisonnée ! », dit le guérisseur Gemin après consultation. Ce fut donc la peur et la panique dans la cour du chef et partout dans le campement. « Mais qui a pu commettre un tel acte ? », s'interrogèrent les uns et les autres. Le chef fut paniqué, sa communauté aussi. Alors, pour des soins, il appela tous les guérisseurs réputés autour de son épouse bien-aimée. Elle reçut les premiers traitements, mais de six heures du matin jusqu'à seize heures du soir, sa vie n'était toujours pas épargnée. Aucune solution n'était à espérer. Le mal envahissait progressivement tout son corps qui chauffait. Elle se tordait et se plaignait à longueur de journée. Les guérisseurs, malgré leur remède, n'arrivaient toujours pas à contrôler le mal. Au fil du temps, son corps prenait, de fil en aiguille, le profil d'un pangolin, Dieu du ciel ! Elle ne pouvait plus parler ni respirer convenablement. Les derniers soins n'ont rien donné. Le chef fut complètement désorienté et bouleversé. Et les habitants, impuissants dans cette tourmente sans fin, abandonnèrent la route des champs pour assister leur chef dans cette situation de non à souhait dans laquelle une solution miraculeuse était à espérer.

Un bon matin, quatre habitants de l'autre côté du fleuve arrivèrent chez le chef. Selon eux, cette maladie ne peut avoir de remède que dans leur royaume.

— Est-ce à dire que vous iriez avec ma femme pour lui apporter les soins appropriés pour sa totale guérison ?

— Oui chef ! Permettez qu'on aille avec elle et au bout de quelques jours elle sera complètement guérie. Nous vous sommes très reconnaissants pour tout le service que vous nous avez rendu…

— Ok, sans discuter, nous sommes d'avis que vous l'ameniez avec vous, chers amis.

Cependant, avant de partir avec elle, ils exigèrent que six personnes, dont trois femmes et trois hommes, les accompagnent pour être témoins de tout ce qui allait se passer durant le traitement. Avec onze personnes à son bord, la pirogue glissa sur le fleuve, le traversant sous le regard soucieux et interrogateur du chef et son peuple.

IV

MISSION SUICIDE

Le campement allait mal, très mal même. Le chef Koua était de plus en plus triste et son peuple en souffrait aussi. Il n'avait, depuis plus d'une semaine, aucune nouvelle de ce qu'il se passait l'autre côté du fleuve avec son épouse et ses accompagnateurs. Ses collaborateurs étaient de temps en temps chez lui pour voiler cette amertume qu'il ressentait aux yeux des habitants. Dans le campement, tout le monde en voulait des nouvelles. Mais il n'y en avait aucune ! Aussi, jusqu'alors, aucun habitant de l'autre côté du fleuve n'avait effectué une traversée jusqu'à eux. Tout le monde était dans l'impasse et les jours passèrent.

Dans cette incertitude, le chef organisa une rencontre d'urgence avec les notables.

— L'heure est grave pour notre campement ! leur annonça-t-il. Nous devons prendre toutes les dispositions nécessaires pour traverser ce fleuve. Ils sont arrivés jusqu'à nous. Pourquoi ne pouvons-nous pas en faire autant? Nous pouvons trouver cette possibilité d'aller voir chez eux sans demander d'audience comme eux. Que sont-ils devenus nos enfants ? Je veux parler de ma femme, nos trois enfants et les trois femmes du village. Les autres sont allés tout simplement pour accompagner mon épouse malade et voilà que personne ne nous informe de leurs nouvelles. C'est triste chers amis notables… allons y voir ce qui se passe. Trouvons un moyen rapide pour ne pas qu'il soit trop tard.

— C'est vrai que nous sommes tous inquiets face à cette situation, dit le notable Péhé, mais pour l'instant nous ne pouvons rien faire. Nous n'y arriverons jamais à réussir un tel projet, car la traversée de ce fleuve nous sera très périlleuse vu les suspicions autour de cette eau. Si les autres sont d'avis avec toi, nous pouvons quand même essayer cette tentative dangereuse. Mais comment y parvenir ?

— Nous vivons une situation très alarmante. À cet effet, ne restons pas muets et indifférents. Soyons proactifs, car le peuple que nous dirigeons compte beaucoup sur nous en cette situation, soutint un autre assistant.

Après de longues heures d'échanges, ils parvinrent à un commun accord ; celui de trouver un moyen pour traverser le fleuve.

Les jours suivants, les hommes créèrent une pirogue pour la première fois, s'inspirant du modèle des habitants de l'autre côté, mais trop petite pour contenir plus de six personnes. Le chef doit designer encore des personnes bien courageuses et combattives pour cette mission qui s'avère très suicidaire. C'était leur toute première expérience avec une pirogue. Alors, les quatre personnes désignées entamèrent une série d'entrainement au canotage sur un lac qui se trouvait au nord du campement. Ce lac, en étendue et en profondeur, n'était pas égal au fleuve. Même les enfants de tout âge s'y baignaient et y faisaient la lessive chaque jour. Quelques jours après, elles avaient fini leur formation. Elles pouvaient s'engager à traverser le fleuve.

Ce fut un matin brumeux, devant tout le campement réuni au large du fleuve, que les braves ont embarqué doucement. L'eau du fleuve sur lequel les oiseaux volaient funestement était apparemment calme. La pirogue avançait. Les personnes à l'intérieur qui avaient la mine inquiète étaient silencieuses comme si elles craignaient de troubler la sérénité de cette eau par leurs papotages. Quelques minutes après leur départ, une fois au milieu du fleuve, loin dans les brouillards, un hippopotame, tout à coup, surgit devant leur pirogue. Tous paniqués, ils se jetèrent à l'eau. Leur cri désespéré se fit ensuite entendre de part et d'autre du fleuve avant leur descente dans ses profondeurs ténébreuses. Alors ceux qui, encore présents sur le rivage, se mirent à crier : « ils sont morts ohooo … Éhééé pourquoi encore nous… pourquoi encore nous… C'est fini… »

Sur cette nouvelle rapportée, le chef répondit tristement en se fondant en larmes : « c'est fini pour eux… c'est ma faute… On vient encore de perdre nos enfants… oho mon Dieu de la terre et du ciel, qu'avions-nous fait pour mériter une telle épreuve ? »

Tous se retrouvèrent chez le chef, les visages pleins de larmes, pleurant leurs disparus quand certains notables, s'étant écartés, donnèrent raison à leur collègue Péhé qui avait désabusé le chef de manière voilée.

*

* *

« Chef, rends-nous nos maris ohooo… », « Chef, rends-nous nos maris. Nous ne voulons pas devenir veuves ohooo… », « S'il te plait, chef, dis-nous où se trouvent nos maris ! », « Ohooo… », « Ahi... », « Ahi... », « Eh chef… », « Chef pourquoi tu peux nous faire cela ohooo… », pleuraient, en se jetant par terre, les femmes dont les maris furent noyés dans le fleuve. Elles avaient, tôt le matin, pris la cour du chef avec leurs pleurs, réveillant tout le monde.

Ensuite, les hommes suivirent ces femmes dans leur action en réclamant eux aussi au chef leur épouse. Les notables et les autres ont essayé de les empêcher dans cette entreprise, mais en vain. Le chef s'enferma alors dans sa maison, tout abattu. Il refusa de sortir de sa chambre ce jour-là. Cette situation semblait dépasser sa compétence. Sa petite femme et ses quatre autres enfants, en vain, frappèrent à sa porte. Ses assistants, eux aussi, ont essayé, mais le chef, toujours, refusait d'ouvrir.

Quelques minutes après, ils entendirent les bruyants pleurs du chef de sa chambre où il s'était enfermé. Et eux, ils le supplièrent d'ouvrir.

— Non, je n'ouvrirai pas cette porte. Vaut mieux mourir que de vivre une telle angoisse. Je n'en peux plus ! Je ne peux plus supporter ces malheurs.

— Non, Sedheur, ne dit pas ça ! Ne te donne pas la mort… de grâce, ouvre-nous cette porte !

Les pleureurs et les pleureuses, face à cette alarmante situation, n'avaient plus le courage de continuer leur vacarme. Tout le monde était attiré vers la porte du chef. Tous étaient préoccupés par le cas du chef. C'est en ce moment-là que surgit de la foule, le fils aine de ce dernier.

— Laissez-moi passer… ! Ouvrez-moi le passage s'il vous plait ! Je vais défoncer cette porte. Si je ne le fais pas, papa risque de se faire du mal…

Tous s'écartèrent pour lui ouvrir le passage, et lui, d'un violent coup de pied, ouvrit la porte de son père qui tenait un fusil, prêt à se faire sauter la tête.

— N'avancez pas, cria le chef ! Ne vous approchez pas ! Éloignez-vous de moi ! Laissez-moi où je suis !

Tous furent terrorisés en voyant le chef dans cette posture suicidaire. Ses enfants l'approchèrent, tous en pleurs.

— Non papa… Non, papa, dis le fils aine. Ne nous fais pas ça, s'il te plait ! Papa dépose ton arme pour l'amour de Dieu…

— N'mah ghon, n'dheur ymah zayeusseu, ymah gbè… Meuh bou wannou… yma guin yeusseu mah ghon, supplia sa petite femme en avançant, en sanglot, vers son mari.

Sur cette supplication de sa femme, il laissa doucement descendre son fusil qu'elle récupéra dans un tonnerre d'applaudissements.

Le soir, le griot demanda à tout le monde de se retrouver chez le chef qui voulait livrer un message.

Cette soirée-là, tous, à l'heure, répondirent présents à l'appel du chef. Ils étaient bien disposés ; les femmes s'étaient rangées d'un seul côté, les hommes de l'autre et les enfants au milieu.

Le notable Péhé prit la parole au nom du chef pour remercier chacun et chacune d'avoir répondu massivement à cet appel de « SEDHEUR ». Ensuite, il pria tout le monde de faire preuve de sagesse en ce lieu pour écouter le chef parlé. Le chef prit la parole : « Chers habitants de Peusseu, merci d'être présents ce soir. Votre présence massive démontre combien de fois vous êtes debout pour avancer malgré les circonstances douloureuses que nous traversons. Peuple d'ici, je vois que vous êtes forts, stables et inébranlables dans cette épreuve et, pour ça, je loue vraiment votre courage et votre sang froid. Je commence à vous reconnaitre maintenant. Oui je commence à vous sonder du plus profond de moi-même. Chers hommes, chères femmes et chers enfants, oui je vais le dire. Il faut que je l'avoue pour que vous le sachiez : j'ai vraiment eu tort de ne pas reconnaitre ma place dans cette situation. Mon rôle était de tout faire pour calmer les esprits inquiets. Mais je ne l'ai pas fait. Je m'en excuse ! Je vous demande pardon. Ce pardon vient de moi et je l'exprime d'un amour sincère que j'ai pour vous. Je présente toutes mes condoléances à mes trois mamans qui sont parmi nous ce soir. J'ai entendu vos pleurs. C'était tout à fait normal que vous arriviez jusqu'à moi pour exprimer cette douleur dans les pleurs. Vous êtes venues pleurer à moi, c'est parce que je suis votre papa, capable de vous consoler. Pardonnez-moi chères dames parce que j'ai failli à mon devoir de consolateur.

Aux trois amis qui ont accompagné aussi mes mamans dans les pleurs, car ils sont sans nouvelle de leurs épouses qui ont suivi la mienne, je veux encore ce soir vous rassurer que tôt ou tard ils nous reviendront. Restons patients, ils nous reviendront surement.

Au sujet des disparus sur le fleuve, nous allons organiser d'ici peu une cérémonie pour leur rendre hommage. Que le Dieu du ciel et de la terre nous préserve des malheurs ! Merci.

Le chef mit fin à son discours dans une accalmie totale. Les esprits agitateurs se levèrent l'un après l'autre dans l'assistance pour demander pardon au chef et à sa famille pour leurs agissements.

V

HOMMAGE AUX DISPARUS

Le campement changea de décor. Les cendres mélangées au kaolin servaient de peinture autour des murs des cases et les troncs d'arbres. Tout le monde s'était rasé la tête. Les jeunes femmes et jeunes hommes non célibataires s'abstenaient de s'adresser la parole. Les hommes mariés avaient attaché des rameaux autour des reins pendant que les femmes mariées les avaient au cou : tout ça pour la cérémonie d'hommage aux disparus, une façon de manifester le deuil sous un silence qui planait sur le campement. Les chansonniers et les grands percussionnistes, dans une fusion rythmique et folklorique, imbibaient les yeux de larmes. Tous furent rassemblés tout au long du large du fleuve.

Les trois veuves et leurs enfants, ce jour-là, selon la tradition, n'avaient pas le droit d'y assister. Ils étaient de l'autre côté, restés assis, dans une case, sur une natte, entourés des vieilles femmes sages.

Lorsque tout le monde fut réuni, le chef et ses notables arrivèrent pour opérer un rituel sur le fleuve. Tenant un coq tout noir et quatre noix de cola, il avança doucement vers le fleuve. Les batteurs de tambours arrêtèrent de battre et, de l'assistance, se dégageait un silence de cimetière. Il égorgea alors le coq, en rependit le sang dans le fleuve et ensuite, mâcha les noix de cola pour en rependre aussi la pâte. Après, ordonna-t-il à ses notables de découper le coq sans le déplumer et de jeter les différents morceaux à l'eau, excepté la tête et les pattes à cacher dans la terre, sur la rive.

Ainsi dit, ainsi fait. Le chef prit la parole pour exiger certaines recommandations selon la tradition aux habitants :

« Nous sommes tous ici au bord du fleuve pour ce que nous savons tous. Nos repas d'aujourd'hui midi et du soir seront servis ici. Nous nous y retirerons à la tombée de la nuit. Nous allons tous danser en prononçant les paroles de malédictions sur ce fleuve. Jetez-y des pierres et toutes sortes d'objets pour faire partir les mauvais esprits du fleuve… »

La cérémonie commença comme ils l'attendaient, juste après les recommandations du chef. Les mélodies mélancoliques des tambours qui exprimaient rythmiquement le deuil et la désolation, faisaient danser tristement les danseurs qui, avec les observateurs, se baignaient tous dans une marée de larmes, des larmes, oui, que de larmes.

Le soleil, à peine au zénith que l'on ne voyait plus et ne pensait plus à ce fleuve mystérieux, car la manifestation surtout la démonstration de deuil dans tous ses aspects les avait plongés dans cet oubli. Tous étaient ivres quant soudainement, ils virent un énorme crocodile avancer audacieusement pour récupérer sa proie. Cette découverte rompit la cérémonie…

VI

HEURO HOCCY

L'on en parlait plus, sauf les familles éplorées qui, chaque jour, passaient en revue les faits et les circonstances douloureuses dans lesquelles leurs biens aimés étaient partis. Pour d'autres, il fallait tourner cette page obscure pour une autre sur laquelle il serait judicieux et bénéfique de tracer les lignes qui mèneront au développement du campement. Malheureusement, cet idéal n'était pas partagé. Chaque jour, ces deux groupes de personnes opposées se disputaient. Leur simple divergence qui était très peu banalisée au départ avait, pour finir, engagé tout le campement. Certains chefs de famille accusèrent d'autres pour n'avoir pas eu de regrets pour ces familles qui pleurent leurs biens aimés. Et pis encore, cette situation créa des problèmes fonciers entre les habitants dans les plantations et dans les forêts. Le chef a été avisé plusieurs fois pour trancher des différends, mais celui-ci, s'il ne restait pas muet, rendait, dans la résolution de ce conflit, de faux jugements : souvent, le coupable avait raison et l'innocent était coupable. Alors, au sein de son assistance, certains notables se retirèrent volontairement pour ne pas être témoins de ces injustices.

Un soir, alors que chacun était chez lui, entra au campement, un homme gigantesque avec une chevelure kilométrique, des yeux colorés, des narines dilatées de dix centimètres de diamètre, des poignets de tronc d'arbre, une poitrine très large parsemée de poils et un énorme cou qui soutient sa grosse tête. À sa vue, certaines gens ne manquaient pas de fuir. Ce dernier, accompagné d'une personne bien connue au campement, se rendit chez le chef qui, seul sous son préau, voulut pendre ses jambes à son cou en voyant l'homme colossal, mais il s'abstint, rassuré par le fils du campement qui était avec lui. Le chef les installa craintivement sous le regard des badauds.

— Je sais que vous avez peur, mais sachez que je suis là pour le bien de tout le monde, dit le Géant d'une voix sonore.

— Ah bon ! tu es là pour le bien du campement… ? interrogea le chef.

— Oui … oui… eh oui… ! À tous ceux qui sont éloignés de moi, approchez pour m'entendre... ! je suis venu pour dire que la femme de votre leader et les personnes qui l'ont accompagnée et tous ceux à qui vous avez rendu hommage sont vivants. Aucun d'eux n'est mort…

Voyant maintenant le sérieux dans son adresse, tous ceux qui étaient distants s'approchèrent de lui afin d'apprendre plus pour mieux comprendre. On voyait les visages s'éclairer de bonheur et briller d'espoir. Ainsi, le chef, lui aussi très ému, l'interrogea :

— Qui es-tu ? D'où viens-tu ?

— Je suis le chef suprême du peuple que vous avez nourri inlassablement pendant plus de deux années successives. Je vis de l'autre côté du fleuve avec mon peuple. J'ai profité de cette occasion pour venir vous remercier et vous rassurer qu'ils sont bel et bien en vie, vos parents. Mon nom est Heurro Hoccy. Déjà, nous nous apprêtons à venir accompagner vos fils et filles dans deux jours. Vous avez eu tort de pleurer si tôt. Pour finir, je veux attirer votre attention sur ce fleuve : pour l'instant, nous demeurons comme les seuls dompteurs de cette eau. Méfiez-vous-en ! Si vous vous entêtez à y opérer des activités clandestines, vous le regretteriez amèrement, car ce fleuve est un mangeur d'hommes à cause de la présence, en son sien, de maints monstres aquatiques. Commencez à vous organiser pour accueillir vos enfants.

Après ces mots, la réconciliation commença à naitre dans les cœurs. On entendait entre les cases, les expressions : « pardon », « plus jamais ça, entre nous ! », « je te rendrai cette plantation... », « Moi, j'ai été très méchant à ton égard... ». Les accolades et les cris de joie étaient viables. Sur-le-champ, on apporta les tambours et tout le monde dansa pour exprimer cette joie. Le chef même s'exécuta ; il enchaina toutes sortes de pas de danse traditionnelle aux rythmes du tambour. Sa dignité et son honneur furent restaurés. Et cette nuit-là, après le départ des visiteurs, le campement resta en éveil de joie jusqu'au matin.

*

* *

Tout le monde au campement était sur pied, dès l'aube. Tous impatients de voir arriver de l'autre côté, leurs parents qu'ils avaient, depuis trop longtemps, perdus de vue. Les différents groupes de danses étaient en place comme à toute occasion tout le long du fleuve. Cette fois-ci, tous étaient parés de kaolin et d'autres objets utilisés en pareilles circonstances. Ils chantèrent et dansèrent d'une joie jamais exprimée depuis leur cohabitation. Tous avaient le regard rivé en direction du fleuve. Il était déjà huit heures, et, successivement, s'écoulaient les heures de huit à neuf jusqu'à dix puis onze, douze, treize, quatorze, quinze et rien, rien jusqu'à quinze heures. Les salives et les voies séchèrent dans les gorges. Les percussionnistes, sous le poids de la fatigue, se sentirent obligés de baisser d'un ton, les battements de tambour. Le désespoir se faisait sentir sur les visages. Les murmures… La foule clairsemée vers vingt heures… Ainsi, ayant constaté l'attitude de son peuple, le chef dit : « Je demande à chacun de regagner sa maison… Il se peut qu'ils n'arrivent pas aujourd'hui, pas forcément aujourd'hui. Attendons voir demain… »

À minuit, dans le silence de cimetière qui planait au campement, arrivèrent ceux qu'ils attendaient avec un coup de trompette qui a réveillé tout le monde. Les cases s'ouvrirent les unes après les autres et en sortirent les habitants pour converger vers le fleuve. « Ils arrivent, ils arrivent… », crièrent-ils. « Venez voir ! », ajoutèrent-ils aussi. Et, en un clin d'œil, tous étaient présents. La joie fut totale… ! Les pirogues accostèrent et descendirent une délégation de vingt personnes qui ont accompagné les enfants, apportant uniquement avec elle, comme présent, qu'une bonne quantité de boisson. Entourés de la foule et ambiancés par les paroliers et les percussionnistes, ils furent accompagnés jusqu'au chef qui les attendait depuis bien trop longtemps. Les places, chez lui, étaient déjà aménagées, un grand feu avait été allumé pour la circonstance. Tout le monde avait pris la place dans une discipline pour voir dans la gaité le déroulement des choses… Les premières places étaient réservées à la délégation. Non loin de celles-ci, les «ressuscités». Le chef regardait sa première épouse. Elle le regardait aussi avec des yeux qui trahissaient cette peine que dissimulait son sourire, quelque peu forcé. Mais le chef, espérant que l'amour de cette dernière à son égard était le même après toutes ces années loin l'un de l'autre, ne semblait voir ces deux sentiments opposés qui approfondissaient les rides de sa femme.

Le porte-parole choisi pour la circonstance réitéra le maintien total du silence pendant le déroulement des adresses. Dans cette civilité, le chef prit trente minutes pour exprimer sa joie et celle de son peuple envers Heurro Hoccy et son peuple.

Aussi, la parole fut donnée au géant HH : « Merci pour cet accueil chaleureux. Ce que vous ne saviez pas, c'est que nous sommes de l'autre côté pour votre bonheur. Vous avez la preuve palpable. Voyez comme ils sont devenus beaux, vos enfants… Ils vous en diront plus sur nous après notre départ. Chez moi là-bas, ce que je n'ai pas encore, c'est la fertilité de la terre, mais pour le reste nous sommes en avance sur vous. Ce fleuve qui nous sépare, que vous voyez, nul ne peut tenter sa traversée si nous n'avons pas donné l'autorisation. Même si ce n'est pas nous qui l'avions créé, tout ce qui l'anime nous appartient et nous avons le pouvoir d'empêcher les intrus d'avoir accès à notre cité. Mais maintenant que nous sommes devenus des peuples frères, je mettrai tout en œuvre avec mon peuple pour vous faciliter sa traversée. Pour cette circonstance, nous vous avons apporté des boissons spéciales pour de telles cérémonies. Partagez et buvons, car nous sommes maintenant frères. Que tout le monde soit servi sans exception ! »

Sous ces consignes, la boisson fut servie à tout le monde : enfants, jeunes, femmes et hommes de tout âge avaient levé le coude jusqu'à trois heures du matin. Cette boisson les avait tous fait endormir profondément ; car la boisson était remplie de somnifères. Poursuivant donc leur plan débuté depuis le jour où ils avaient la première dame, ils vidèrent le campement de tous ses jeunes travailleurs et robustes, ne laissant que des enfants de moins de douze ans et des personnes du troisième âge.

VII

SOUS LE POIDS D'HEURRO HOCCY

Les habitants du campement, enlevés alors qu'ils étaient endormis, se réveillèrent dans une cité de servitude sans nom. La surveillance du lieu où ils étaient logés était assurée par de méchants chiens dressés spécialement pour cette tâche. Ils étaient malgré eux, sur une nouvelle terre entre les eaux qui regorgeaient des hippopotames, des caïmans, des alligators, des crocodiles, des pythons et autres êtres aquatiques très féroces, élevés et domptés par les habitants de ce lieu.

Étrangement, tous ceux qui y vivaient avaient ce pouvoir de s'adresser à ces monstres aquatiques par le moyen des signes qu'une personne étrangère ne peut codifier.

De l'autre côté, le chef Koua qui ne se remit jamais de l'ingratitude dont lui et son peuple ont été victime, était au bout du rouleau et n'en pouvait plus face aux dédales de la vie ; il tira sa révérence, ainsi que d'autres vieilles personnes du campement. Et les femmes, seules désormais avec des enfants encore trop petits pour travailler, broyèrent la galère. Leurs larmes de tristesse et de détresse, à flot, perlèrent sur leurs joues lorsqu'en elles, germaient des interrogations : qui, pour les travaux champêtres ? Qui, pour rapporter le gibier ? Qui, pour empêcher les herbes de progresser dans les cases? Qui, pour les protéger, elles et leurs enfants ? Mais aucune voix masculine, comme espérèrent-elles, ne s'éleva pour proposer des hommes, des pères, des repères.

À l'opposé, l'on pouvait parler d'une vie abondante grâce aux fruits des durs labeurs des personnes arrachées à leur terre et à l'affection des siens. Ils étaient livrés aux travaux pénibles sans repos pour le bien-être de leurs geôliers, Heurro Hoccy et son peuple. Les filles étaient utilisées comme des objets sexuels chaque fois qu'ils voulaient satisfaire leur libido. Lorsqu'elles tombaient enceintes, elles étaient rassemblées ensemble dans une maison jusqu'à leur accouchement. Les enfants issus de cet amour forcé étaient allaités avec le lait des vaches et des juments. Quelques mois après avoir été sevrés, ils étaient envoyés au campement, à la charge des femmes qui y étaient. Ces dernières les nourrissaient de bouillies d'ignames sauvages. Et, impuissantes, elles assistèrent encore à l'enlèvement d'adolescents qui allaient être réduits en esclaves de l'autre côté du fleuve. C'était cela, les hommes d'Heurro Hoccy apportèrent des enfants à nourrir et repartirent avec les adolescents aptes aux travaux de toutes sortes.

Pendant que le campement n'avait plus rien, la cité d'Heurro Hoccy ne manquait plus de rien. Les déportés constituaient de véritables socles de leur développement et de leur prospérité à tous égards. Ils se réjouissaient sans regret de la sueur et du sang que versaient leurs esclaves pour leur prospérité.

Les pauvres, malgré tous leurs efforts, ils ne pouvaient pas se mouvoir où se faire des amis en dehors de leur communauté. La seule liberté qu'on leur avait accordée, c'était de se coupler entre eux. Cette faveur a conduit certains, malgré eux, à commettre l'inceste. La désolation était si grande, mais il fallait l'accepté pour pouvoir se consoler et se fortifier entre eux dans cette situation où ils n'avaient ni alliés ni avocats.

VIII

LIBERTÉ À TOUT PRIX

Une forte communauté de travailleurs infatigables, organisée et très bien structurée a été constituée, avec à la tête un porte-parole qui revendiquait sans cesse la liberté de sa communauté dont la condition, au fil du temps, se dégradait malgré leur travail qui profitait à Heurro Hoccy et son peuple. Cependant, en dépit de toute forme d'injustice, ils étaient constamment attachés au travail. Le travail bien fait sous la pression et dans la maltraitance était leur cheval de bataille. Ils étaient tous rassurés et convaincus que seul le travail pourrait leur permettre d'être un jour au-dessus de leur oppresseur. En plus, leur espérance venait du fait qu'un jour ils retrouveraient leurs familles restées derrière eux. Ainsi, leur guide, lui aussi, tonifiait les uns et les autres à être toujours stables physiquement et psychologiquement pour leur retour. À cet effet, toutes les progénitures à l'âge de comprendre étaient éduquées dans ce sens. Ainsi, chaque descendant qui grandissait avait à l'esprit que cette terre où ils étaient nés n'était pas celle de leurs ancêtres. Ils rêvaient eux aussi de ce retour.

De l'autre côté, ceux qui y étaient restèrent acquis à la cause des envahisseurs qui surexploitaient leurs ressources sans cesse pour les paupériser.

Un jour, leur guide rencontra le chef Heurro Hoccy : « Majesté, Ô majesté ! Mon peuple et moi, nous savons que nous vous devons notre gloire et notre épanouissement, quel que soit l'endroit où nous serons. Je sais qu'aujourd'hui nous ne pouvons plus rien faire sans vous et votre peuple. Ô majesté, nous vous devons tout, à vous et à votre peuple. Vous avez eu tout ce dont vous avez besoin. Vous pouvez dormir en paix, car les fruits de nos durs labeurs ont fait de vous des êtres épanouis, un peuple qui ne manquera de rien, et ce, jusqu'à vos vieux jours. Majesté, le temps est venu pour nous de vous demander la route, car nous souhaiterons rentrer chez nous. S'il vous plait, ouvrez-nous le passage sur les eaux. Seuls, nous ne pouvons pas traverser ce fleuve. Une fois que nous y serons, nous acceptons toujours d'être votre vassal... Telle est ma requête au nom de mon peuple… »

Ce message, le guide l'avait involontairement soutenu par un air triste et pathétique à faire couler les larmes. Mais, Heurro Hoccy, l'ayant écouté attentivement, plissa son front de colère et cria : « Quoi !!! Toi et ton peuple, vous n'irez nulle part. C'est certainement et méchamment dans la sueur de vos fronts et les cris de vos souffrances que nous nous développons. Vous existez pour nous et cela est décidé depuis là-haut. Tu devrais disparaitre tout de suite avant que je ne décide d'alourdir encore la douleur de ton peuple. Sors de chez moi, imbécile ! »

Le guide, précipitamment, sortit en larme. Il alla rendre compte à sa communauté qui devait encore subir, elle qui espérait gagner la félicité d'Heurro Hoccy.

Chaque jour, leur cœur était inondé de peines et de douleurs. Ils croupissaient sous la domination incontestée d'Heurro Hoccy. Seul leur rêve d'un retour sur leur terre ancestrale les maintenait debout et vivants. Leurs enfants qui grandissaient voyaient continuellement et impuissamment la souffrance de leurs parents.

Conscients donc du pied à la tête de cette condition macabre et déshonorante. Ils décidèrent de prendre le taureau par les cornes ; ils s'organisèrent discrètement pour préparer le combat devant favoriser la sortie de leur famille du chaos. C'est ainsi que Tumba, leur aîné à tous, réussit à réunir, à galvaniser et sensibiliser ses jeunes frères et sa communauté. Il le fallait. Il rassura toute la communauté qui voyait en celui-ci et sa bande, les porteurs d'espoir. Chaque fois que Gomain, le guide voulait savoir auprès de Tumba, le secret de plan qui conduira à la délivrance, il refusa de lui livrer le fond de leur plan. Il répondait toujours que cela arrivera comme une surprise.

Le temps passait, et la même situation demeurait. Leur condition de vie allait de mal en pis. Ces garçons ne pouvaient plus attendre. Ainsi, dans leur premier coup, ils réussirent tardivement dans la nuit, à juguler tous les chiens méchants qui tenaient la surveillance de leur communauté. Cela fut une opération où personne ne pouvait identifier les acteurs.

Mais Heurro Hoccy, à peine apprenait-il cette nouvelle, qu'il se précipita, subito presto, sur les lieux, tout furieux.

— Ce sont eux !... Ce sont eux qui peuvent commettre un tel acte. Appelez-moi immédiatement leur guide Gomain.

Ses braves guerriers allèrent vélocement soulever Gomin pour l'emmener devant leur chef. Et Tumba, ayant appris cela, se présenta au géant Heurro Hoccy.

— Laissez notre guide en paix ! lui dit-il. Il n'est ni de loin ni de prêt concerné par ce qui s'est passé. Je suis le seul auteur de ce carnage. C'est à moi qu'il faut s'en prendre. Alors, réclamez les dents de la panthère à celui qui les a mangées !

— As-tu commis une telle opération avec qui ? Et pourquoi l'as-tu fait ? demanda Heurro Hoccy dans une grande pétrification.

— Seul, tout seul, je l'ai fait. Et pourquoi ? Mais parce que j'en ai marre, j'en ai assez. Assez de voir ma communauté souffrir le martyr. Elle vous donne tout, et vous, en retour, la remerciez en la rouant de coups et d'injures. Chef, je vous apprends que nous allons décamper d'ici si vous ne laissez pas mon peuple jouir des droits de l'homme. Nous, les fils, nous voulons nous fréquenter et même travailler ensemble puisque nous vivons tous ici.

— Ok ! tu as bien parlé, l'audacieux, mais tu seras sévèrement gratifié pour ce que tu as fait. Tu seras, dans une chambre obscure sans aucune lueur du jour, enfermé sans rien à manger et à boire durant deux semaines. Et si tu n'es pas mort, tu regagneras ta famille.

Incontinent, il fut enfermé dans ladite chambre sous les regards abouliques de sa famille qui était présente. Son père et sa mère, dans un grand navrement, se soustrayaient de la foule les larmes aux yeux. Tous jabotaient lugubrement : « C'est fini pour Tumba », « Tumba est parti », « On ne verra plus Tumba ».

Après les deux semaines de tintouin, Tumba sortit magiquement dans une belle forme au grand étonnement de tous. Sa communauté, fière, vit en lui le guerrier capable de les défendre. Dans la peur, le géant convoqua d'urgence une réunion avec Gomain et sa communauté. Ils étaient tous présents pour entendre ce que ce dernier dira après la sortie de Tumba.

— Oh chef, nous sommes arrivés parce que vous nous avez appelés. Nous vous écoutons ! annonça Gomain.

— Je veux schématiquement dire qu'à partir d'aujourd'hui, entre vous et nous, il n'y a plus de barrières. Vous êtes désormais de véritables citoyens de cette cité. Nos enfants peuvent jouer ensemble, se baigner et se marier. Une partie des richesses que vous avez données à notre peuple vous sera rétrocédée. Vous pouvez dans la suite travailler pour vous-mêmes. Vous êtes dès lors libre comme nous !

— Merci, merci majesté ! dit précipitamment Gomain qui avait tant attendu cette déclaration.

— Vous sautez de joie parce que vous êtes déclarés libres, dit Tumba à l'assemblée dont il avait interrompu les sauts en levant la main, mais moi je sais qu'aussi longtemps que nous demeurerions avec ce peuple, l'histoire sur notre provenance nous ridiculisera un jour. Aujourd'hui libres, mais demain le contraire nous frustrera plus qu'aujourd'hui. Cette liberté ne sera jamais cette liberté qu'on a souhaitée. Réveillez-vous ! je sais que les regards, les comportements et les sourires blesseront et agresseront dans l'avenir nos descendants. Moi, Tumba, j'ai tout compris... Certes, je suis né ici, mais ma nouvelle patrie, la patrie qui fera de moi la personne que je veux être, est derrière ce fleuve. J'y habiterai pour le reste de ma vie. Et je vais me donner les moyens pour partir d'ici...

Après son intervention, il se retira des lieux, laissant tout le public dans un état d'étonnement sans précèdent.

IX

FAUSSES PROMESSES

La communauté de Gomain et celle du Géant, ensemble, ont formé une forte cohabitation dont l'entente fut leur partage quotidien. La discrimination était peu négligeable et peu appréciée dans les premières heures de la déclaration du Géant. Chaque famille se sentait plus ou moins à l'aise sans le risque de voir le contraire des choses promises par le chef. Le chef connu de tous était Heurro Hoccy. Celui-ci exerçait son autorité sur tout le monde de concert avec quelques personnes de la communauté sœur en occurrence, Gomain et les trois autres sages.

Deux années après, il autorisa le mariage intercommunautaire pour permettre à tous les fils et filles de la cité de manifester leur amour les uns envers les autres. Cette nouvelle vie embrassée par Gomain et son peuple les conduisit dans un égarement total vis-à-vis de leur origine.

Cependant, au campement, rien n'allait plus. Le même Heurro Hoccy et ses hommes continuèrent toujours d'exploiter abusivement les dernières richesses dont il disposait. Puisqu'ils détenaient le secret pour traverser le fleuve, ils s'emparaient quotidiennement et diablement de toutes les productions qui restaient entre les mains de quelques âmes restées au campement.

Tumba, depuis tout gamin, voyait tout ce qui se passait au sujet du fleuve. Maintenant, il a grandi, il a tout compris. Ainsi, il réunit, un jour, toute sa congrégation et leur dit :

— Ils disent que nous avons le même droit, mais ils nous cachent toujours comment traverser ce fleuve et toujours, nous n'arrivons pas à cerner tout ce mystère autour de ce flot. Mais bon sang ! Ils nous prennent pour des loufoques, des aliénés. Ils nous contrebalancent et, nous, nous les applaudissons niaisement. Mais si nous ne réagissons pas le plus vite possible, d'ici peu, nous n'aurions plus de passé, donc plus d'histoire ; ce qui signifierait : aucun repère pour nos enfants ! C'est pourquoi, moi, je partirai d'ici peut-être, avec ceux d'entre vous qui comprendront et qui le voudront…

Ensuite, demanda-t-il à tous les parents de sa famille de laisser leurs enfants penser comme lui afin de se mettre ensemble pour former une équipe forte et dynamique qui va préparer ce retour aux origines, car un seul doigt ne peut ramasser un caillou.

— Lorsque nous venions ici, dit un ancien d'une voix affligée et fatiguée, j'avais vingt ans. Aujourd'hui, je tends vers la soixantaine. Mon premier enfant, qui est une fille est âgée de vingt ans. Les deux autres garçons qui l'ont suivie sont aussi âgés de dix-huit et seize ans. Je rêve chaque jour de terminer le reste de mes jours sur la terre de nos ancêtres. Je demanderai à mes trois enfants de nous anticiper dans ce départ attendu depuis belle lurette… Je soutiens Tumba et je prie pour que tout le monde y adhère activement.

— Je suis surexcitée de voir une telle intention sortie de la bouche d'un enfant. Mais comme on le dit souventefois, les jeunes gens peuvent aussi battre le tam-tam pour faire danser les vieilles personnes... Tout ce que notre enfant Tumba a relaté est intransitivement irrécusable. Si nous les anciens, n'avons pas initié cela, de grâce encourageons nos enfants à le faire, ajouta la doyenne de toutes les femmes du clan.

— Aiguillonnons nos enfants à partir d'ici ! quant à nous, nous sommes déjà dépassés, nos forces sont infirmées sous le poids de l'âge. Où nous sommes, nous ne sommes plus à mesure de changer les choses. Seuls nos progénitures, actuellement, sont capables de nous apporter ce changement. Ceux qui nous maintiennent, ils respirent de nos poumons et notre sang, leur carburant de vie. Je pense bien que là-bas, serait une terre favorable pour nos enfants… compléta l'un des anciens.

En cette rencontre, toutes les prises de parole ont convergé dans un seul et unique sens, celui du changement.

Après cette rencontre, chaque famille commença à réconforter leurs enfants, à les préparer à retourner sur la terre de leurs ancêtres. Tumba, quant à lui, revivifiait et galvanisait, en sous-main, ses frères et sœurs en passant de maison en maison pendant des jours et des mois. Quand certains jeunes, les plus pyrrhoniens de leur communauté l'interrogèrent sur le jour du départ.

— Nous avons encore du temps à nous préparer ! Mais nous irons soyez en sûrs ! leur répondit-il.

— Tu es loyalement sûr de pourvoir traverser ce fleuve ? posa l'un des jeunes toujours pas satisfaits.

— Ne vous en faites pas, le jour J, vous verrez !

— Ok ! nous adhérons, mais nous sommes encore dans l'incertitude, termina le même jeune.

Il a pris des mois pour convaincre ses frères et sœurs. Cependant, un autre groupe composé de jeunes filles étaient difficiles à convaincre. Elles avaient ouvertement désapprouvé ce projet malgré l'appel lancé par toute la communauté. Elles considéraient ce plan comme étant un moyen pour les éloigner de leurs amants issus du clan de Heurro Hoccy. Alors, pour ne plus entendre parler de ce projet, elles s'étaient éloignées de leur congrégation pour aller chez ces derniers sans caution de leur famille respective.

Trois mois après leur départ, l'intention fut dévoilée au grand jour. Le chef fut au parfum de la nouvelle. Militairement, il saisit Gomain et son peuple pour vérifier l'authenticité de cette intention.

— Pour ceux qui ne savent pas encore, ce peuple allaité ici et non ailleurs, se croyant mature veut nous fuir. Pourtant, on leur a tout donné. Cher Gomain, c'est cela votre schéma ?

— Non ! une telle information ne mérite pas d'être considérée par un homme sage comme vous, cher chef. Que les rapporteurs d'une telle chose de nature à nous diviser soient punis âprement ! démentit-il.

— Je vous vois nier les faits qui vous sont reprochés. Pourtant les preuves montrent que vous avez réussi à chasser d'entre vous ces jeunes filles qui ont refusé de former avec vous ce plan commun. Elles sont là ! Elles peuvent le témoigner d'elles-mêmes.

Séance tenante, Gomain a su user de la sagesse dans son art oratoire pour désamorcer cette bombe qui se préparait contre lui et son peuple. Alors, il fit un pas en avant et tourna doucement sa tête vers l'assistance puis ajouta :

— Cher chef, n'accordez aucun intérêt à ce qui se raconte. Vous n'avez pas besoin de nous montrer ces demoiselles qui font la honte à notre maison. Comme on le dit : « l'on peut mettre au monde un enfant, mais jamais son cœur… » Nos enfants ont décidé volontairement de se rebeller contre nous parce que nous leur avions interdit d'entretenir des relations de concubinage avec certains de vos enfants ; ce qui est contre notre tradition. Nous souhaiterions qu'elles puissent, en amont, faire la présentation de ces derniers à notre communauté avant tout engagement. Mais elles préfèrent se cacher pour savourer leur amour. Chef, nous ne les avions pas chassées. Elles sont parties d'elles-mêmes de la maison.

L'intervention de Gomain, a trouvé soulagement dans le cœur de tous ceux qui étaient présents y compris ceux de Herro. Le Chef, cependant, vit cela comme une sorte d'imposition d'une tradition sous son territoire. Il ne l'apprécia guère et prit une posture de guerre.

— Je vous ai donné tout sur ce territoire. Mais vous n'avez aucun droit ni privilège, sachez-le de prévaloir vos habitudes anachroniques sous mon toit. Comprenez bien ! arrêtez d'effrayer les jeunes amoureux avec cette observance archaïque qui n'a aucune portée de nos jours. Je ne veux plus entendre cela de vous. Si le contraire se produit, je vous retirerais pour toujours cette liberté ! partez d'ici… !

X

D'UNE RIVE À L'AUTRE

Des années plus tard, Tumba se maria avec Giselle une fille dotée d'une grande beauté, la dernière fille du Géant HH. Ils eurent quatre enfants, dont une fille et trois garçons, des triplés âgés de dix ans.

Mais Giselle, son union avec celui-ci, n'a étonné personne, car depuis son bas âge, elle avait un amour particulier pour la communauté de Tumba. Cependant, elle fut reniée par ses frères et sœurs pour s'être mariée avec ce dernier. Et son père, étant lui aussi contre cette union, avait maintes fois engagé des personnes pour porter atteinte à la vie de Tumba. Mais tous ses plans diaboliques contre ce dernier échouèrent grâce à Giselle, son ange gardien qui, chaque fois, l'alerta.

Le jour de la cérémonie de mariage, les yeux Heurro Hoccy étaient devenus comme des buissons ardents. Sa moustache, ses lèvres grelotaient de colère et de déception, sentiments que partagèrent certains. Ainsi fut célébré le premier mariage intercommunautaire. Et par la suite, un boom de mariage.

Dans la suite du mariage, Giselle n'était plus la bienvenue dans sa famille biologique. Elle le vivait mal et n'avait plus cette tache de vin de vivre avec son mari sur la terre de ses ancêtres, cette cité de haine et de médiocrité exagérée. Ainsi, insista-t-elle auprès de son conjoint de s'en aller :

— Chéri, nous attendons quoi pour partir loin d'ici ?

— Je cherche encore un moyen pour empuantir tous les êtres dangereux du flot. Mais toi, tu es sensée connaitre l'ambiguïté de ce fleuve, non ?

— Chéri, je suis de la génération neuve. Cette formation ne sait rien de ce courant. Ils nous ont tout caché de peur que nous les dévoilions un jour aux étrangers.

— Je vois que tu dis vrai. Nous devons, peut-être, intoxiquer le fleuve pour affaiblir ses êtres. Ainsi, nous pourrions le traverser en toute tranquillité.

— Si tel est le plan, il ne réussira guère ! moi j'ai un plan et ça marchera !

— Ok, dévoile-le alors !

— Je sais que ces monstrueux êtres aquatiques aiment de la viande. Alors, nous pourrons, au moment du transbordement, jeter sur le courant les morceaux de viande un peu loin de nos pirogues… je suis certaine que nous allons pouvoir franchir le fleuve pendant qu'ils seront en train de faire ripaille.

D'un air pénétré, il regarda sa femme et la serra affectueusement et longuement contre son cœur.

— Tu es un ange pour ma vie. L'étoile Polaire de mon ciel orageux et ténébreux. Celle par qui l'impossible de ma vie sera possible. À partir de demain, j'informe de mon côté tous mes hommes et toi aussi tu t'engages à informer les filles.

— Chéri, tu peux me faire entièrement confiance pour cela. Il me semble que la terre de vos ancêtres est celle d'une opportunité pour nous et pour nos enfants. Nous ne devons plus tarder à partir ! même si j'ai le pressentiment que les choses risquent d'être compliquées pour notre départ.

Les deux, Tumba et Giselle avaient réussi à convaincre tous les jeunes couples, y compris certaines personnes âgées. Tout ce monde était donc prêt. Ils avaient pris la résolution définitive de passer leurs derniers jours sur la terre de leurs aïeux, chacun ayant pris ce qu'il pouvait. Le départ se déroula en vague de cent personnes, à chaque deux heures et trois heures du matin, et ce, pendant quatre jours successifs et en toute clandestinité.

Le premier jour d'embarquement, lorsque les cent premières personnes se rassemblèrent au bord du fleuve, les monstres s'agitèrent et le fleuve se mit en ébullition, comme une soupe sur une gazinière. Alors, elles eurent rudement peur. Certaines voulaient se retirer du lot, mais Giselle les réconforta. Elle et Tumba prirent la pirogue, et, pendant que celui-ci pagayait, à l'eau, elle jetait des morceaux de viande de souris, de rats et de margouillats. Ils le réussirent pour les rassurer. À mesure qu'elle jetait ces bribes de viandes, ces monstres restèrent préoccupés par leur dégustation. Tout fut ainsi et les quatre cents ont réussi à transborder ce cours d'eau, dans la clandestinité totale.

XI

LA RENAISSANCE

Le campement était misérablement méconnaissable, car ceux qui y étaient vivaient dans une division profonde. En leur sein, la joie de vivre ensemble n'avait plus sa place. Les familles, chaque jour, s'affrontaient. Elles n'avaient plus le temps d'entretenir leur environnement ; les ordures dégageaient de nauséabondes odeurs attirant plus de mille et une espèces de mouches, les herbes jonchaient toutes les entrées des cases, dont certaines, inhabitées. Sur les visages, une inquiétude était inscrite.

— Nous sommes les perdus de la vie. Que ferons-nous maintenant ? s'éleva une voix.

— Ne vous agitez pas ! À chaque situation, sa solution. Restez calme ! dit Tumba.

Quatre jours plus tard, les familles commencèrent à se reconnaitre grâce à l'historique de leur départ brusque et choquant. Chacun reconnaissait en l'autre, sa racine ; ce qui occasionna l'union nouvelle.

Les jours se passèrent, le campement évoluait graduellement. Il n'y avait plus de garde-fou. Ils se rappelèrent leur souffrance infligée par le géant HH et son peuple. Alors au fleuve, ils donnèrent le nom « Gnihi yaha » qui veut dire « Mauvaise eau ». Aussi, postèrent-ils une équipe de guerriers pour la surveillance quotidienne du large du fleuve. Dans l'unité, la paix et l'entente entre les fils et les filles, le campement s'est mis au travail pour son développement harmonieux.

Dix années plus tard, le campement porta le nom « Peuhssèh », qui veut dire « un beau village », avec pour chef Tumba. Il fut un leader charismatique, généreux et plein d'idées innovatrices pour le rayonnement de Peuhssèh.

De l'autre côté, Heurro Hoccy s'était écroulé, emporté par son propre venin. Son successeur, Hamy passa à l'exécution sommaire de tous les êtres féroces du fleuve afin de faciliter les libres échanges de partenariat entre lui et Tumba. À cet effet, il s'est rendu au pied de Tumba pour lui demander pardon au nom de son peuple pour toutes les injustices qu'avaient subies dans le passé son peuple et son guide géant…

À la suite de cette visite, le chef Tumba reçut une visite soudaine de toute la lignée du feu Géant HH, venue demander à s'installer définitivement à Peuhssèh. Les habitants de Peuhssèh, attendant la réponse de leur chef, se regardèrent. Et si l'histoire se répétait ?

TABLE DES MATIÈRES

ROMANS DÉJÀ PARUS

Des larmes et des palmes - Yves Arsène Kouakou
Cette amitié-là - Tagro Tapé Innocent
Les sentiers de la réussite - Attanda Chérif Abidogoun
Le sucre amer - Josué-Okobé Ligroga
Le Chemin de la ville -Denis Kouadio
Chioma la fille de joie - Hermann Sehi Bi
L'aube de la nuit cauchemardesque - Yacoub Issa
Souvenir d'un passé récent - David Landry So
Séductrice à tout prix -Aurélie Ehoulé-Aka
Je suis venu, j'ai vu, je suis mort. -David Landry So
C'est encore loin Paris ?- Arron jacob Ekissi
La première fois - Anna Nicole Dicko
Une vie gâchée - Syntor Konan
Le fils du pays - Dosso Mouhamadou

MIX
Papier aus verantwortungsvollen Quellen
Paper from responsible sources
FSC® C105338

Printed by Books on Demand GmbH, Norderstedt / Germany